Ein Wassertropfen auf Reisen

von Maria Krah-Schmidt
unter Mitarbeit von Norbert Lemb
und Dr. Hans-Peter Ziemek
mit Illustrationen
von Peter Beckhaus

Idee und Konzeption:
Naturschutz-Zentrum Hessen e.V.

Herausgegeben vom Hessischen Ministerium
für Umwelt, Energie, Jugend, Familie und Gesundheit

An einer Quelle im Wald
gab es viele Tiere, schöne Pflanzen
und immer genügend Wasser.
Das gefiel auch Quelli,
dem Feuersalamander,
und seinen Freunden.

Plitsch
und Platsch,
die beiden
Wassertropfen,
kamen oft zur Quelle
und machten lustige Streiche.
Die Libelle Liselotte kannte die neuesten
Neuigkeiten aus dem ganzen Land,
denn sie flog überall umher.

Eines Tages
jedoch hatte das
glückliche Leben ein Ende.
Es gab nicht mehr genügend
Wasser an der Quelle!
Die Pflanzen verwelkten,
und Quelli und die anderen Bewohner
fühlten sich schon ganz krank.

Platsch
war sehr traurig:
„Das Wasser unserer
Quelle reicht nicht mehr aus.
Die Menschen haben das
Grundwasser angezapft und
leiten es jetzt mit neuen,
größeren Rohren in die Stadt."

Tatsächlich! Die Menschen waren mit lauten Baggern gekommen.
Tief in die Erde wurden Wasserleitungen verlegt.
Plitsch wollte wissen, wohin das Wasser fließt.
„Ich mache mich auf den Weg zu den Menschen“, sagte er,
und mit einem großen Sprung tauchte er in das Rohr.

Der Weg durch die Rohre war sehr weit.
Es gab viele Abzweigungen, und manchmal wußte Plitsch nicht,

ob er nach oben oder unten, nach rechts oder links abbiegen sollte.

Da kam er plötzlich in ein Haus.

Im Badezimmer
putzte sich Anna
gerade die Zähne.
Ein Sprung, und
Plitsch stand auf dem
Waschbeckenrand.
„Ich bin Plitsch,
der Wassertropfen",
stellte er sich
freundlich vor.

Und dann erzählte er Anna
von seiner Quelle und seinen Freunden.
„Wenn die Menschen
zuviel Wasser verbrauchen
und das Wasser verschwenden,
wird unsere Quelle bald
ganz ausgetrocknet sein",
erklärte Plitsch traurig.

Anna überlegte einen Moment, dann nahm sie ihren Zahnputzbecher, füllte ihn mit Wasser und drehte schnell den Hahn zu.
„Oh, danke! Damit hast du mir und meinen Freunden schon sehr geholfen", sagte Plitsch. „Vielleicht kann man bei euch ja noch mehr Wasser sparen!"
„Ja, toll!", freute sich Anna und nickte heftig.

„Da kommt Mama! Sie will jetzt baden", sagte Anna zu Plitsch. Mama, Anna und Plitsch unterhielten sich lange. Und auch Mama konnte den seltsamen Gast gleich gut leiden.

„Ich glaube, ich weiß,
was ich für Plitsch tun kann“,
sagte sie.
„Ich werde duschen,
statt zu baden.
Dabei wird viel weniger
Wasser verbraucht.“
Plitsch strahlte
über das ganze Gesicht.

Nach dem Frühstück machte Annas Bruder Peter den Abwasch, und Oma bereitete das Mittagessen vor. „Denk doch an Plitsch!" ermahnte Oma Peter. „Laß den Wasserhahn nicht ständig laufen! Es ist viel besser, du machst den Abfluß zu und spülst das Geschirr im Spülbecken."

Das Wasser,
mit dem Oma
das Gemüse
und den Salat
gewaschen hatte,
schüttete sie in eine
große Gießkanne.
Später konnte sie
damit noch die
Blumen gießen.

„Eine prima Idee!" rief Plitsch.

„Ich glaube, Opa könnte
viel von Oma lernen.
Eure Regenwassertonnen
sind noch fast voll,
aber Opa verspritzt
Leitungswasser mit
dem Schlauch",
stöhnte Plitsch.

Da beschlossen Anna, Peter und Plitsch, Opa einen Streich zu spielen. Sie versteckten sich eilig hinter einem Busch und knickten den Schlauch ab. Opa wunderte sich, wo das Wasser nur geblieben sei.

Als die drei den Schlauch
plötzlich wieder
losließen, bekam
Opa ein pitsch-
nasses Gesicht.
Er konnte
durch seine Brille
nichts mehr sehen.

Papa hatte eine gute Idee, wie man viel Wasser sparen kann. Er baute einen Spülstopper in den Toilettenspülkasten ein. Jetzt floß nicht mehr das ganze Wasser auf einmal heraus, sondern nur noch so viel, wie man wirklich benötigte.

Am Nachmittag fing es plötzlich an zu regnen. Plitsch wurde ganz übermütig.

Er wollte unbedingt hinaus und mit den Regentropfen tanzen und springen. Auch Anna und Peter fanden es herrlich, im Regen zu toben.

Nach einer Weile hatten Anna und Peter genug vom nassen Spaß.
Sie gingen ins Haus, um trockene Sachen anzuziehen.

„Das paßt gut", sagte Papa, „dann kann ich eure schmutzigen Sachen gleich mitwaschen. Ab heute fülle ich die Waschmaschine immer ganz voll, dann muß sie nicht so oft laufen. Das spart Wasser."

Als es zu regnen aufgehört hatte,
gingen Anna und Peter wieder
hinaus in den Garten.
Doch wo war Plitsch?
Sie konnten ihn
nirgendwo finden.
Ob er schon
wieder fort war?

Aber Plitsch war noch da.
Er unterhielt sich mit Liselotte am Gartenteich.
„Du, Plitsch, stell dir vor, das Wasser an unserer Quelle nimmt wieder zu, und den Tieren und Pflanzen geht es auch viel besser. Platsch, Quelli und die anderen warten schon auf dich“, berichtete Liselotte aufgeregt.

Anna und Peter hatten Plitsch
in seinem gestreiften Anzug entdeckt.
Schnell kamen sie zum Teich gelaufen.

„Das haben wir alles euch zu verdanken“, erklärte Plitsch.
„Ihr Kinder habt dafür gesorgt, daß hier kein Wasser mehr verschwendet wird.“

„Dafür danke ich euch sehr. Vielleicht finden wir ja noch mehr Kinder und Eltern, die sich bemühen, möglichst wenig Wasser zu verbrauchen."

Ein paar Tage später besuchten
Anna und Peter mit ihren Eltern die Quelle.
Die Freude war riesengroß.

Quelli,
der Feuersalamander,
bedankte sich noch einmal
im Namen aller Tiere und Pflanzen.

Liebe Erzieherinnen und Erzieher, liebe Eltern,

dieses Buch ist Teil der Kampagne „Jeder Tropfen zählt" des Hessischen Ministeriums für Umwelt, Energie, Jugend, Familie und Gesundheit und des Naturschutz-Zentrums Hessen (NZH), zu der u.a. auch das „Wassertheater"* gehört.
Wir freuen uns, Sie als „Verbündete" gewonnen zu haben.
Unser Wasser, die Grundlage unseres Lebens, ist ernsthaft bedroht, und zwar sowohl in der Menge als auch in der Qualität.
„Ein Wassertropfen auf Reisen" soll dazu beitragen, Kindern diese Tatsache nahezubringen.

Warum eigentlich Kindern?
Das hat vor allem zwei Gründe. Zum einen vererben wir die natürlichen Ressourcen an die nächste Generation; sie muß damit leben.
Zum anderen ist es im Kindesalter wesentlich einfacher, neue, sinnvolle Verhaltensweisen zu erlernen, weil das entsprechende falsche Verhalten ja oft noch gar nicht vorhanden ist und daher auch nicht mühevoll verändert werden muß.
Es wäre schön, wenn Sie Ihre Kinder bei diesem Lernprozeß unterstützen würden.
Dazu ein paar Tips:

- Das Buch weist beispielhaft auf einige Möglichkeiten zum Wassersparen hin. Bestimmt fallen Ihnen noch weitere ein. Lassen Sie Ihr Kind an solchen Entdeckungen teilhaben.

- Entmutigen Sie Ihr Kind nicht, wenn es offenkundig oder vermeintlich unsinnige Vorschläge zum Wassersparen macht, sondern verhelfen Sie ihm zu einer besseren Einsicht.

- Jeder Lernprozeß wird erleichtert, wenn man nicht nur mit dem Verstand, sondern auch mit dem Herzen dabei ist. Versuchen Sie, etwas von der Freude an den Wundern der Natur an Ihr Kind weiterzugeben.

- Nehmen Sie die Fragen Ihres Kindes ernst. Was das Buch anbetrifft, haben wir versucht, einige der Fragen zu erahnen, die zu erwarten sind, und bieten Ihnen auf der nächsten Seite kindgerechte Erklärungen als erste Hilfe an.

Und nun wünschen wir Ihnen viel Freude und Erfolg beim Wassersparen!

---

* Das „Wassertheater" wird kostenlos an hessischen Kindergärten aufgeführt. Es hebt sich ab vom reinen Kasperletheater, da es in ein pädagogisch-didaktisches Konzept eingebunden ist, welches auch die Fortbildung der Erzieherinnen und Erzieher beinhaltet.
Nähere Informationen beim NZH, Friedenstraße 38, 35578 Wetzlar, Telefon 0 64 41/2 40 25.

Glücklicherweise nahm Opa ihnen den Scherz nicht übel. „Ihr habt ja recht", gestand er ein. „Wenn so viel Wasser in der Tonne ist, können wir es wirklich erst verbrauchen. Außerdem ist Regenwasser viel besser für die Pflanzen. Es ist weicher und nicht so kalt. Übrigens kann ich noch drei Helfer beim Gießen gebrauchen."

Als sich Anna und Peter
im Badezimmer die
Hände waschen wollten,
staunten sie:

Wenn Ihre Kinder fragen …

… Was ist Grundwasser?
Auch unter der Erde gibt es Seen, Teiche und Bäche. Dort sammelt sich das Wasser, das im Boden versickert. Dieses Wasser nennt man „Grundwasser".

… Wo kommt das Wasser in der Quelle her?
Aus den unterirdischen Bächen, Teichen und Seen sickert an einigen Stellen wieder Wasser aus dem Boden, meist an Bergen und Hängen.

… Warum kann Wasser „hart" oder „weich" sein?
Im Wasser sind ganz kleine Steinchen aus Kalk, so klein, daß man sie gar nicht sehen kann. Wenn viele davon im Wasser sind, sagt man, das Wasser ist hart. Sind wenige davon im Wasser, sagt man, das Wasser ist weich.

… Warum ist Regenwasser nicht so kalt wie Leitungswasser?
Weil Regenwasser aus den Wolken durch die Luft auf die Erde fällt und die Luft normalerweise wärmer ist als die Erde, aus der ja das Leitungswasser kommt.

… Was bedeutet „eine Quelle anzapfen"?
An einer Quelle kommt das Wasser aus der Erde nach oben und fließt dann in Bäche und Teiche. Man kann aber auch Rohre in die Erde legen. Dann kommt ein Teil des Wassers nicht mehr nach oben, sondern muß durch die Rohre fließen.

… Warum soll man Wasser sparen, es regnet doch immer wieder?
Nur ein Teil des Regenwassers versickert so tief, daß es die Grundwasservorräte wieder auffüllt. Ein großer Teil des Regenwassers fließt nämlich durch Kanäle und Flüsse ins Meer. Deshalb ist es möglich, daß durch die Wasserleitungen mehr Grundwasser wegfließt, als durch Regen nachgefüllt wird.

… Warum verbraucht man beim Duschen weniger Wasser?
Bis eine Badewanne vollgelaufen ist, muß man den Wasserhahn lange geöffnet lassen. Aber beim Duschen macht man sich kurz naß und dreht den Wasserhahn wieder zu. Dann seift man sich ein und spült den Schaum wieder ab. Der Wasserhahn ist also nicht so lange geöffnet wie beim Baden.

… Brennt ein Feuersalamander?
Nein, er heißt so, weil er orangefarbene Flecken auf der Haut hat, die aussehen wie Feuer.

Weiterführende Informationen

Hessisches Ministerium für Umwelt, Energie, Jugend, Familie und Gesundheit (Hrsg.)
Jeder Tropfen zählt
Informationen zum sparsamen Umgang mit Trinkwasser, 37 Seiten
Wiesbaden, 1997

ders. (Hrsg.)
Nutzung von Regenwasser
Empfehlungen zur Nutzung in privaten und öffentlichen Gebäuden, 62 Seiten
Wiesbaden, 1997

ders. (Hrsg.)
Entsiegeln und Versickern
Informationen zur durchlässigen Befestigung von Oberflächen und zur Versickerung von Regenwasser, 24 Seiten
Wiesbaden, 1997

ders. (Hrsg.)
Lebensadern unserer Landschaft – Fließgewässer und ihre Auen
50 Seiten
Wiesbaden, 1997

ders. (Hrsg.)
Praxisratgeber Entsiegeln und Versickern
Detaillierte Informationen zum Bau von durchlässigen Befestigungen und von Versickerungsanlagen mit zahlreichen bebilderten Beispielen, 52 Seiten
Wiesbaden 1998

Die Broschüren sind kostenlos erhältlich bei:

Umweltministerium
Öffentlichkeitsreferat
Postfach 3109
65021 Wiesbaden

Bestellung per Fax: 0611-815-1946